AF501639

LE
CARNAVAL
MASCARADE.

REPRESENTE' PAR
l'Academie Royale de Musique.

On le vend
A PARIS,
A l'Entrée de la Porte de l'Academie Royale de Musique, au Palais Royal ruë Saint Honoré.
Imprimé aux dépens de ladite Academie.
Par RENE' BAUDRY, Imprimeur.

M. DC. LXXV.

PAR PRIVILEGE DU ROY.

LE CARNAVAL MASCARADE.

REPRESENTE' PAR L'ACADEMIE Royale de Musique.

LE CARNAVAL habillé d'vne maniere qui le fait d'abord reconnoiſtre, paroiſt environné de ſa Suite ordinaire, composée d'vn grand nombre de Perſonnes qui chantent; Les Violons commencent d'abord à celebrer ſon retour, & luy-meſme par vn Recit qu'il chante, excite les Enjoüemens qui l'accompagnent, à délaſſer le plus Grand des Monarques de ſes glorieux travaux.

RECIT DU CARNAVAL.

JE réviens enfin, à mon tour,
Dans cette Illuſtre Cour, (deur abonde:
Où, ſous vn Regne heureux tant de Gran
Vous qui m'accompagnez, aimables Enjoümens,
Prenez vos plus doux agrémens
Pour divertir les ſoins du plus Grand Roy du Monde.

Toutes les Voix enſemble.

Profitons du temps
Qu'il donne à nos Chants:
Dés que les tendres herbettes
Rajeuniront l'Vnivers,
Les Tambours, & les Trompettes
Feront ſes plus doux Concerts.

PREMIERE ENTRE'E.

Trois Eſpagnols chantans, dont le premier ſe plaint de l'Amour, & les deux autres le conſolent, accompagné de trois Eſpagnols & trois Eſpagnolettes, qui danſent.

Espagnol qui se plaint.

SE que me muero dé amor
Y solicito el dolor.

A vn muriendo de querer
De tambuen ayre adolezco
Que es mas de loque padezco
Loque quiero padecer
Y no pudiendo exceder
A mi desco el rigor.

Se que me muero dé amor.
Y solicito el dolor.

Lisonsicame la suerté
Con piedad tan aduertida,
Que me assegura la vida
En el riesgo de la muerté
Viuir de Lugolpe fuerte
Es de mi salud primor.

Se que, &c.

Premier Espagnol enjoüé.

Ay que locura, contanto rigor
Quexarse deamor
Del nino bonito
Que todo es dulçura
Ay que locura,
Ay que locura.

Deuxiéme Eſpagnol enjoüé.

El dolor ſolicita,
El que al dolor ſe da
Y nadie de amor muere
Sino quien no ſaue amar.

Tous deux enſemble.

Dulce muerte es el amor
Con correſpondencia ygual,
Y ſi eſta gozamos oy,
Porque la quieres turbar?

Premier Eſpagnol enjoüé.

Alegreſe Enamorado
Y tome mi parecer
Que en eſto dequerer
Todo es hallar el vado.

Tous trois enſemble.

Vaya, vaya de fieſtas,
Vaya de vayle,
Alegria, alegria, alegria,
Queſto de dolor es fantaſia.

II. ENTRE'E.

Un Maiſtre d'Eſcole Italien, nommé, Barbacola, avec quatre Enfans Eſcoliers.

BARBACOLA.

SON dotor per occasion
Ma dotor piu dei dotori
Chun dotor di professione
Non amai tanti auditori.

In campagna son venuto
Per tener famoza schola
Il mio nom é conosciuto
Son il mastro Barbacola
E per mia reputatione

Son dat tutte le persone
Nominato il dottorone
Piu eloquente di Cicerone,
Piu sapiente di Catone,
Forte piu del Sansone,
E per tutta conclusione
So Sonar, so Balar, so Cantar,
So Imparar, so Inseignar,
So Mirar, so Tirar, so Amassar,
Ho, ho, ho, ho, . . .
Ahi che perdo la parola.

LES ESCOLIERS.

Bona sera Barbacola.

BARBACOLA.

Co si tardi se vienne à la Scola.

LES ESCOLIERS.

Perdonate ſchei Barbacola.

BARBACOLA.

Su, ſu, ſu, à la letione.

LES ESCOLIERS.

La ſapiamo imperfectione.

BARBACOLA.

E chi la letion non ſa
Su le mani ſe li da.

LES ESCOLIERS pleurent.

Ha, ha, ha, ...

BARBACOLA.

Non piangete piu ſcolari
Che non ve faro ſtudiar
Sol con voi putti miei cari
Me vo meter à Ballar
Non parliamo piu di ſcola
Non parliamo piu di ſcola.

LES ESCOLIERS.

Viva, viva, Barbacola,
Viva, viva, Barbacola.

LE MAISTRE ET LES ESCOLIERS danſent tous enſemble.

III. ENTRE'E.

Pourceaugnac Bourgeois Italien vient demander Justice, sur ce que deux Femmes Françoises luy veullent faire acroire qu'il les a épouzées toutes deux, & chante.

GIVSTITIA, giustitia, giustitia, giustitia,
Non sara mai poßibile
Ch'in caso si terribile
Non troui qual che giudice
Che con le sue man'sudice
Mi scriua discolpeuole
Che mi sia fauoreuole
Contro si gran' malitia,
Giustitia, giustitia, giustitia, giustitia.

Pourceaugnac aperçoit vn Advocat, & le saluë en chantant.

O' Signor Auocato,
Che Seté'il ben trouato
Che sete sempre sempre' il ben trouato
Vi voglio consultare
Per vn negotio grande
Degnate vi ascoltare.

Pourceaugnac expose le fait.

Due donne indiauolate
Mi fann'un processo' atroce
Gridando' ad alta voce
Che con me son maritate
An mentito, an mentito, an mentito le scellerate
M'anno menato tanti banbini
Tanti puttini,
Picini, picini.
M'anno messo tutti bisbiglio
Car Auocato mio consiglio, consiglio.

L'Advocat luy répond en chantant fort l'entement, & traisnant ses paroles.

La poligamie est vn cas
Est vn cas pendable.

Pourceaugnac répond.

Gia so che chidue volte e maritato
Deu' esser inpicato.

L'Advocat traisnant ses paroles, l'interrompt en chantant la Poligamie.

Et Pourceaugnac chante en mesme temps.

Ma lo so' lo credo' se nono mais pozato
Non poss' esser condannato
Brutta bestia, furfantone.
Brutto, brutto gatto mammone,
Viso dispia
Becco cornuto vatte ne via

Pourceaugnac aperçoit vn autre Advocat, & luy fait la reverence en chantant.

Facio la reverenzza
Alla grand' excellenzza
Del huomo' il piu saputo
Et il piu singolare
Che si possa trovare
Date mi qualch' aiuto
Consigliatemi quanto lo potrete
Sentite
La mialite
Poi mi risponderete.

Il expose le fait.

Due donne indiauolate
Mi fann' vn processo atroce
Che con me son maritate
An mentito, an mentito, an mentito, le scellerate
M'anno ménato tantti banbini
Tantti puttini
Picini picini
M'anno messo tutt' in bisbiglio
Car Auocato mio consiglio consiglio.

L'Advocat parlant fort viste & bredoüillant, luy répond.

Vostre fait
Est clair & net
Et tout le droit

En cét endroit
Conclut tout droit
Si vous consultez nos Autheurs,
Legislateurs & Glossateur,
Iustinian, Papinian,
Vlpian, & Tribonian,
Fernand, Rebuffe, Iean, Imole,
Paul, Castre, Iulian, Barthole,
Iason, Alciat, & Cujas,
Ce grand Homme si capable;
La polygamie est vn,
Est vn cas pendable

Pourceaugnac au desespoir, répond à l'Advocat Bredoüilleur.

Tinque, tinque, tinque,
Tinque, tinque, tinque,
Tin.
Pouero Pursognacco
Giur al corppo di bacco
Che questi Consultanti
Sono tutt' ignoranti

Il prend les deux Advocats, & leur dit.

Vien qua animalacio
E' tu brutto mostacio
Come pol esser ch'io sia condannato
Poi che non'o' peccato
Come pol esser che si dia sentenzza

Contro l'inocenzza
Per gratia, per pieta, per amicitia,
Date mi un modo per auer giuſtitia.

L'Advocat traiſnant ſes paroles dit.

La poligamie eſt vn cas,
Eſt vn cas pendable.

Pendant que l'Advocat broüilleur dit,

Tous les Peuples policez,
Et bien ſenſez,
Les François, Anglois, Hollandois,
Danois, Suedois, Polonois,
Portugais, Eſpagnols, Flamans,
Italiens, Allemans,
Sur ce fait tiennent Loy ſemblable,
Et l'affaire eſt ſans embarras:
La Poligamie eſt vn cas,
Eſt vn cas pendable.

Pourceaugnac leur dit:

Non lo mai conoſciute
Sono due beche cornute
Le voglio far fruſtare
Le voglio far imppicare
Ditemi come lo poſſo fare
Vi voglio ben pagare
Dite mi come lo poſſo fare.

L'Advocat traiſnant ſes paroles, chante.

La poligamie, &c.

Pendant que l'Advocat bredoüilleur chante.

Tous les Peuples policez, &c.

Et Pourceaugnac chante en meſme temps.

Non e poſſo piu
Queſto mai non fu
Non ſara
No, no, no, la giuſtitia ſi fara
Queſte troppa crudelta
Sete tutti furbi queſto non ſara
La giuſtitia, la giuſtitia ſi fara.

Pourceaugnac ſeul ſe plaint à l'Amour.

Amor crudel, Amor che t'o fattio
Darmi due donne Amor o queſte troppo
Tu ſai ch' il Dio Vulcano povero Zoppo
Spoſò la dea di cipro per ſua mala fortuna
Egli fu becco e nebbe troppo d'una
Per che due donne a me' Amor ſpietato
Tu mi voi diſperato
O Cieli, o Stelle, o fato rio.
Amor crudel Amor che t'o fattio

Il entre deux Operateurs Italiens, & ſix Mataſſins danſants, qui viennent pour réjoüir Pourceaugnac dans ſa mélancolie, & chantent.

Bon di, bon di, bon di,
Non vi lasciate uccidere
D'al dolor malinconico,
Non vi faremo ridere
Col nostro canto harmonico,
Sol' per guarirui
Siamo venuti qui
Bondi, bon di, bon di.

Altro non e la pazzia
Che malinconia
Il malato
Non e disperato,
Se vol pigliar un poco d'allegria,
Altro no e la pazzia
Che malinconia.

Su cantate, ballate, ridete,
Et' se far meglio volete,
Quando sentite il deliro vicino,
Pigliate del vino
E qualche volta un po po di tabac,
Alegramente Monzu Pourceaugnac.

Les Matassins dansent.

Les deux Operateurs viennent avec chacun vn seringue, & vante la bonté du remede qu'il apportent à Pourceaugnac.

Non vi date piu tedio
Queste il vero rimedio

C

Che va cercar d'a basso' al frontespicio
Ralegr e non fa male
A tutti fa seruitio
Per questo lo chiamiamo seruitiale
Labbiamo fatto' a posta
Poco danaro costa
E bono, e dolce, benigno, o uia, o uia,
Metta la test a basso vo Signoria

Les deux Operateurs veullent forcer Pourceaugnac à prendre le remede, en chantant

Pigliate lo presto
Cie vn poco d'agresto
Che ralegr' il core
Fa poco dolore
Tien' il còrppolesto
Le bon e benigno
Benigno, benigno,
Vel giur e protesto
Pigliate lo presto.

Pourceaugnac répond qu'il ne le veut pas prendre, & chante.

Non lo voglio pigliare
No, no, no, no, non lo voglio pigliare
Lasciate miandare
Volete sforzare
Vi mandero fare
Squartare, Squartare,

Lasciatemiandare
No, no, no, no, non lo voglio pigliare.

Les Operateurs & les Matassins veullent à toute force qu'il le prenne.

Piglia-lo sù,
Signor Monzu,
Piglialo, piglialo, piglialo sù,
Che n'on ti fara male
Piglialo sù questo seruitiale;
Piglialo sù,
Signor Monzu
Piglialo, piglialo, piglialo sù.

Les Operateurs & les Matassins le poursuivent, & finalement il se sauve.

IV. ENTRE'E.

ITALIENS.

Vne Musicienne Italienne fait le premier recit, dont voicy les paroles.

DI rigori armata il seno
Contro amor mi ribellai
Ma fui vinta in vn baleno
In mirar duo vaghi rai,
Ahi che resiste puoco
Cor di gelo a stral di fuoco.

Ma ſi caro é'l mio tormento
Dolce é ſi la piaga mia,
Ch' il penare é'l mio contento,
E l' ſanarmi é tirannia.
Ahi che più giova, é piace
Quanto amor é piu viuace.

Apres l'air que la Muſicienne a chanté, quatre Scaramouches, quatre Trivelins, & vn Arlequin, repreſentent vne nuit à la maniere des Comediens Italiens, en cadance.

Vn Muſicien Italien ſe joint avec la Muſicienne Italienne, & chante avec elle les paroles qui ſuivent.

LE MUSICIEN ITALIEN.

Bel tempo che vola
Rapiſcé il contento,
D'amor ne la ſcola
Si coglie il momento.

LA MUSICIENNE ITALIENNE.

Inſin che florida
Ride l'età
Che pur tropp' horrid
Da noi ſen và.

TOUS DEUX.

Sù cantiamo,
Sù godiamo,

Nebei di, di giouentu:
Perduto ben non ſi racquiſta più.

LE MUSICIEN ITALIEN.

Pupilla che vaga
Mill' alme incatena,
Fà dolce la piaga
Felice la pena.

LA MUSICIENNE ITALIENNE.

Ma poiche frigida
Langue l'età,
Più l'alma rigida
Fiamme non hà.

TOVS LES DEVX.

Sù cantiamo, &c.

Apres le Dialogue Italien, les Scaramouches & Trivelins danſent vne réjoüiſſance.

V. ENTRE'E.

Ceremonie Turque pour annoblir vn Bourgeois à la maniere Turqueſque, qui ſe fait en Muſique & en Danſe.

Le Mufti invoque Mahomet avec ſeize Turcs & deux Derviches, apres on luy ameine le Bourgeois, auquel il chante ces paroles.

LE MUFTI.

SETI ſabir
Ti reſpondir
Se non ſabir
Tazir tazir.

Miſtar Mufti
Ti quiſtar ti
Non intendir
Tazir tazir.

Le Mufti demande en meſme langue aux Turcs aſſiſtans, de quelle Religion eſt le Bourgeois, & ils l'aſſeurent qu'il eſt Mahomettan : Le Mufti invoque Mahomet en langue Franche, & chante les poroles qui ſuivent.

LE MUFTI.

Mahametta per Giourdina
Mi pregar ſera é mattina
Voler farvn paladina
Dé Giourdina, de Giourdina
Dar Turbanta é edar ſcarcina
Con galera é brigantina
Per deffender Paleſtina.
Mahameta, &c.

Le Mufti demande aux Turcs, ſi le Bourgeois ſera ferme dans la Religion Mahometane, & leur chante ces paroles.

LE MUFTI.

Sar bon Turca Giourdina.

Les Turcs.

Hi valla.

Le Mufti.

Hu la ba ba la chou ba la ba ba la da.

Les Turcs répondent les mesmes Vers.

Le Mufti propose de donner le Turban au Bourgeois, & chante les paroles qui suivent.

Le Mufti.

Ti non star Furba.

Les Turcs.

No no no.

Le Mufti.

Non star furfanta.

Les Turcs.

No no no.

Le Mufti.

Donar Turbanta, donar Turbanta.

Les Turcs repetent tout ce qu'a dit le Mufti pour donner le Turban au Bourgeois. Le Mufti & les Derviches se coëffent avec des Turbans de ceremonies, & l'on presente au Mufty l'Alcoran, qui fait vne seconde invocation avec tout le reste des Turcs assistans, apres son invocation il donne au Bourgeois l'épée, & chante ces paroles.

Le Mufti.

Tistar nobilé é non star fabbola
Pigliar schiabbola.

Les Turcs repettent les mesmes Vers.

Le Mufti commande aux Turcs de Bâtonner le Bourgeois, & chante les paroles qui suivent.

Le Mufti.

Dara dara
Bastonnara bastonnara.

Les Turcs repettent les mesmes Vers.

Le Mufti apres l'avoir fait bâtonner, luy dit en chantant.

Le Mufti.

Non tener honta
Questa star vltima affronta.

Les Turcs repettent les mesmes Vers.

Le Mufti recommence vne invocation, & se retire apres la ceremonie avec tous les Turcs, en dansant, & chantant avec plusieurs instrumens à la Turquesque.

VI. ENTRÉE.

SERENADE POUR DES NOUVEAUX Mariez, chantée par deux Muſiciennes & vn Muſicien.

TOUS TROIS.

SI vous vous aymez bien tous deux,
Veillez, vous eſtes trop heureux,
Mais ſi vous ne vous aymez guere
Dormez, vous ne ſçauriez mieux faire.

Premiere Muſicienne.

Amour veut qu'on ſuive ſes loix,
Il a ſon petit négoce
Qui l'empéche quelque fois
De ſe trouver à la Nopce.

2. Muſicienne.

Parmy les nouveaux Mariez
Amour en fait à ſa teſte,
Et quoy qu'il ſoit des priez
N'eſt pas toûjours de la Feſte.

Tous trois.

Si vous vous aymez bien tous deux,
Veillez, vous eſtes trop heureux,
Mais ſi vous ne vous aymez guere,
Dormez, vous ne ſçauriez mieux faire.

Le Marié & la Mariée sortent de leur maison, & pour témoigner la satisfaction qu'ils ont euë de la Musique dansent ensemble.

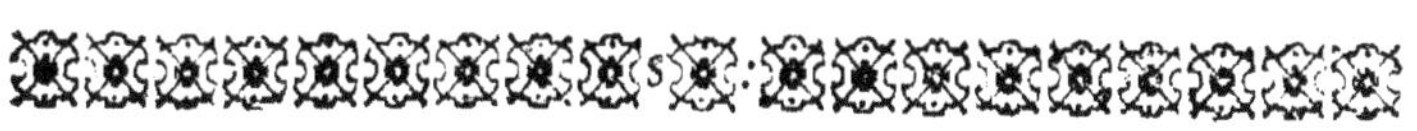

VII. ENTRE'E.

Vne Egyptienne dansante & chantante, accompagnée de quatre Boëmiennes joüants de la Quittarre, quatre Basques joüants des Castagnettes, & quatre Egyptiens joüants des Gniacares.

Premier Air.

D'Vn pauvre cœur
Soulagez le martire,
D'vn pauvre cœur
Soulagez la douleur;
I'ay beau vous dire
Ma vive ardeur,
Ie vous vois rire
De ma langueur:
Ha! cruelle j'expire,
Sous tant de rigueur,
D'vn pauvre cœur
Soulagez le martire,
D'vn pauvre cœur
Soulagez la douleur.

Second Air.

CRoyez-moy, haſtons-nous ma Sylvie,
Vſons bien des momens precieux,
Contentons icy noſtre envie,
De nos ans le feu nous y convie
Nous ne ſçaurions vous & moy faire mieux:
Quand l'Hyver a glacé nos guerets,
Le Printemps vient reprendre ſa place,
Et raméne à nos champs leurs attraits,
Mais helas! quand l'âge nous glace,
Nos beaux jours ne reviennent jamais.

Ne cherchons tous les jours qu'à nous plaire,
Soyons-y l'vn & l'autre empreſſez,
Du plaiſir faiſons noſtre affaire,
Des chagrins ſongeons à nous défaire;
Il vient vn temps où l'on en prend aſſez.
Quand l'Hyver a glacé nos guerets,
Le Printemps vient reprendre ſa place;
Et raméne à nos champs leurs attraits,
Mais helas! quand l'âge nous glace,
Nos beaux jours ne reviennent jamais.

VIII. ENTRE'E.

LA Galanterie, accompagnée de deux Basques & de cinq Polichinels, qui dansent alternativement apres son chant.

CHANSON DE LA GALANTERIE.

Maximes de Galanterie pour les Hommes.

SOyez fidelle :
Le soin d'vn Amant
Prés d'vne Belle
Trouve aisément
Vn heureux moment.
Souvent vne ame cruelle
S'engage en dépit d'elle,
C'est le grand secret que d'aimer constamment.
Soyez fidelle :
Le soin d'vn Amant
Prés d'vne Belle
Trouve aisément
Vn heureux moment.
Aux loix d'Amour en vain l'on est rebelle,
Chacun tost, ou tard, suit vn Dieu si charmant,
Soyez fidelle :
Le soin d'vn Amant
Prés d'vne Belle
Trouve aisément
Vn heureux moment.

Maximes de Galanterie pour les Dames.

Quand on ſçait plaire,
Sur tout dans la Cour,
Que peut-on faire
Et nuit & jour
Sans vn peu d'amour?
Vn jeune cœur ſans affaire
Ne ſe divertit guére,
Que ſert de charmer ſi l'on n'aime à ſon tour?
Quand on ſçait plaire,
Sur tout dans la Cour,
Que peut-on faire
Et nuit & jour
Sans vn peu d'amour?
N'attendez pas pour n'eſtre point ſevere
Que vos plus beaux ans commencent leur retour.
Quand on ſçait plaire,
Sur tout dans la Cour,
Que peut-on faire
Et nuit & jour
Sans vn peu d'amour?

IX. Et derniere Entrée.

LE Carnaval vient pour accompagner la Ga lanterie, & tandis qu'ils chantent vne ma niere de Dialogue, ou tous les chœurs tant des voix que des instrumens, se meslent, & répondent tour à tour; ce qui a paru dans les Entrées precedentes se reünit, & danse ensemble.

Dialogue du Carnaval, & de la Galanterie.

LE CARNAVAL.

Corrigeons de l'Hyver la rigueur naturelle,
Et nous unissons tous.

LA GALANTERIE.

De la Saison la plus cruelle
Faison pour nous
La Saison la plus belle,
Et les Iours les plus doux.

Le Carnaval & la Galanterie chantent ensemble, & tous les Chœurs leur répondent.

Meslons à la Danse
La douceur de nos Chansons,
Chantons, & dansons;
Que ce plaisir recommence
En mille façons,
Chantons, & dansons.

FIN.

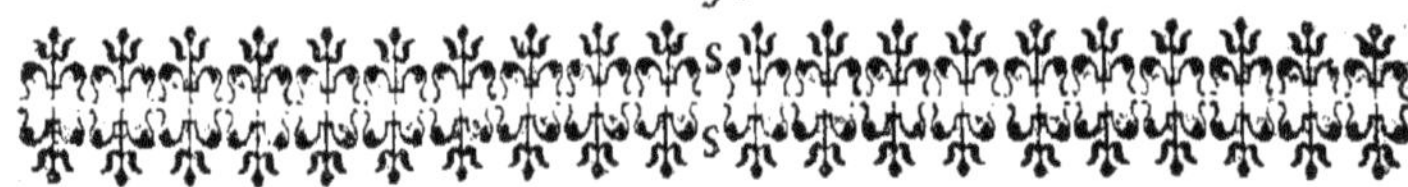

PERMISSION

POUR TENIR ACADEMIE ROYALE de Musique, en faveur du sieur Lully.

LOUIS par la Grace de Dieu Roy de France & de Navarre; A tous presens & à venir, SALUT. Les Sciences & les Arts estans les Ornemens les plus considerables des Estats, Nous n'avons point eû de plus agreables Divertissemens, depuis que Nous avons donné la Paix à nos Peuples, que de les faire revivre, en appellant prés de Nous tous ceux qui se sont acquis la reputation d'y exceller, non seulement dans l'étenduë de nostre Royaume, mais aussi dans les Païs Estrangers; & pour les obliger d'avantage de s'y perfectionner, Nous les avons honorez des marques de nostre estime & de nostre bien-veillance: Et comme entre les Arts-Liberaux la Musique y tient un des premiers rangs, Nous aurions dans le dessein de la faire reüssir avec tous ces avantages, par nos Lettres Patentes du 28 Juin 1669. accordé au Sieur Perrin vne Permission d'établir à nostre bonne Ville de Paris, & autres de nostre Royaume, des Academies de Musique pour chanter en public des Pieces de Theatre, comme il se pratique en Italie, en Allemagne, & en Angleterre, pendant l'espace de douze années: Mais ayant esté depuis informez, que les peines & les soins que ledit Sieur Perrin a pris pour cét établissement n'ont pû seconder pleinement nostre intention, & élever la Musique au point que Nous nous l'estions promis, Nous avons crû pour y mieux reüssir, qu'il estoit à propos d'en donner la conduite à une personne dont l'experience & la capacité nous fussent connuës, & qui eût assez de suffisance pour fournir des esleves, tant pour bien chanter & actionner sur le Theatre, qu'à dresser des bandes de Violons, Flûtes, & autres Instrumens. A CES CAUSES, bien informez de l'intelligence & grande connoiſſance que s'eſt acquis noſtre cher & bien amé Jean Baptiſte Lully au fait de la Muſique, dont il Nous a donné & donne journellement de tres-agreables preuves depuis pluſieurs années qu'il s'eſt attaché à noſtre ſervice, qui nous ont convié de l'honorer de la Charge de Sur-Intendant & Compoſiteur de la Muſique de noſtre Chambre; Nous avons audit Sr Lully permis & accordé, permettons & accordons par ces preſentes ſignées de noſtre main, d'établir vne Academie Royale de Muſique dans noſtre bonne Ville de Paris, qui ſera compoſée de tel nombre & qualité de perſonnes qu'il aviſera bon eſtre, que Nous choiſirons & arreſterons ſur le rapport qu'il Nous en fera, pour faire des Repreſentations devant Nous quand il nous plaira, des pieces de Muſique qui ſeront compoſées, tant en Vers François, qu'autres Langues étrangeres, pareilles & ſemblables aux Academies d'Italie; Pour en joüir ſa vie durant, & aprés luy celuy de ſes enfans qui ſera pourveu & receu en ſurvivance de ladite Charge de Sur-Intendant de la Muſique de noſtre Chambre, avec pouvoir d'aſſocier avec luy qui bon luy ſemblera, pour l'établiſſement de ladite Academie, & pour le dédommager des grands frais qu'il conviendra faire pour leſdites Repreſentations, tant à cauſe des Theatres, Machines, Decorations, Habits, qu'autres choſes neceſſaires. Nous luy permettons de donner au public toutes les Pieces qu'il aura compoſées, meſme celles qui auront eſté repreſentées devant Nous, ſans neantmoins qu'il puiſſe ſe ſervir pour l'execution deſdites Pieces des Muſiciens qui ſont à nos gages: Comme auſſi de prendre telles ſommes qu'il jugera à propos, & d'établir des Gardes & autres gens neceſſaires aux portes des lieux où ſe feront leſdites Repreſentations: Faiſant tres-expreſſes inhibitions & defenſes à toutes perſonnes de quelque qualité & condition qu'elles ſoient, meſme aux Officiers de noſtre Maiſon d'y entrer ſans payer. Comme auſſi de faire chanter aucune Piece entiere en Muſique, ſoit en Vers François, ou autres Langues, ſans la permiſſion par écrit dudit Sieur Lully, à peine de dix mil livres d'amande, & de confiſcation des Theatres, Machines, Decorations, Habits, & autres choſes, aplicable un tiers à Nous, vn tiers à l'Hoſpital General, & l'autre tiers audit Sieur Lully; Lequel pourra auſſi établir des Eſcoles particulieres de Muſique en noſtre bonne Ville de Paris, & par tout où il jugera neceſſaire pour le bien & l'avantage de ladite Academie Royale: Et dautant que Nous erigeons sur le pied de celles des Academies d'Italie, où les Gentils-hommes chantent publiquement en Musique sans déroger. VOULONS & Nous plaist, que tous Gentils-hommes & Damoiselles puissent chanter ausdites Pieces & Representations de nostredite Academie Royale, sans que pour ce ils soient censez déroger audit Titre de Noblesse & à leurs Privileges, Charges, Droits & Immunitez: Revoquons, cassons & annullons par cesdites Presentes, toutes Permissions & Privileges que Nous pourrions avoir cy-devant donnez & accordez, mesme celuy dudit Perrin, pour raison desdites Pieces de Theatre en Musique, sous quelques noms, qualitez, conditions & pretextes que ce puisse estre. SI DONNONS EN MANDEMENT, à nos amez & feaux Conseillers, les Gens tenans nostre Cour de Parlement à Paris, & autres nos Justiciers & Officiers qu'il appartiendra, Que ces Presentes ils ayent à faire lire, publier & enregistrer, & du contenu en icelles, faire joüir & vser ledit Exposant plainement & paisiblement, cessant & faisant cesser tous troubles & empeschemens au contraire: CAR tel est nostre plaisir; Et afin que ce soit chose ferme & stable à toûjours, Nous avons fait mettre nostre Scel à cesdites Presentes. DONNE' à Versailles au mois de Mars, l'an de grace mil six cens soixante-douze, & de nostre Regne le vingt-neufiéme. Signé, LOUIS. Et à costé, *Visa*, LOUIS. Et plus bas: Par le Roy, COLBERT. Et encore est écrit.

Registrées, oüy le Procureur General du Roy, pour estre executées, & joüir par l'Impetrant de l'effet & contenu en icelles selon leur forme & teneur, suivant l'Arrest de ce jour. A Paris en Parlement le vingt-septiéme Iuin mil six cens soixante-douze. Signé, ROBERT.

PRIVILEGE DU ROY.

LOUIS par la grace de Dieu, Roy de France & de Navarre: A nos amez & feaux Conseillers les Gens tenans nos Cours de Parlement, Maistres des Requestes ordinaires de nostre Hostel, & du

& du Palais, Baillifs, Senefchaux, & leurs Prevosts, & leurs Lieutenans, & tous autres nos Justiciers & Officiers qu'il appartiendra, SALUT. Nostre bien amé Jean Baptiste Lully, Sur-Intendant de la Musique de nostre Chambre, Nous a fait remontrer que les Airs de Musique qu'il a cy-devant composez, ceux qu'il compose journellement par nos ordres, & ceux qu'il sera obligé de composer à l'avenir pour les Pieces qui seront representées par l'Academie Royale de Musique, laquelle Nous luy avons permis d'établir en nostre bonne Ville de Paris, & autres lieux de nostre Royaume où bon luy semblera, estant purement de son invention, & de telle qualité que le moindre changement ou obmission leur fait perdre leur grace naturelle; de sorte que comme son esprit seul les produit pour les appliquer aux sujets qu'il y trouve proportionnez, nul autre ne peut si bien que luy rendre lesdits Ouvrages publics dans leur perfection & avec l'exactitude qui leur est deuë. Et d'ailleurs il est juste que si leur impression doit apporter quelque avantage, il revienne plûtost à l'Autheur pour le recompenser de son travail, & de partie des frais qu'il avance pour l'execution des Desseins qu'il doit faire representer par ladite Academie, qu'à de simples Copistes qui les imprimeroient sous pretexte de Permissions generales ou particulieres qu'ils peuvent avoir obtenuës par surprises ou autrement; ce qui l'oblige d'avoir recours à nos Lettres sur ce necessaires. A CES CAUSES, voulans favorablement traitter l'Exposant, Nous luy avons permis & accordé, permettons & accordons par ces Presentes, de faire imprimer par tel Libraire ou Imprimeur, en tel volume, marge, caractere, & autant de fois qu'il voudra, avec Planches & Figures, tous & chacuns les Airs de Musique qui seront par luy faits; comme aussi les Vers, Paroles, Sujets, Desseins & Ouvrages sur lesquels lesdits Airs de Musique auront esté composez sans en rien excepter, & ce pendant le temps de trente années consecutives, à commencer du jour que chacun desdits Ouvrages seront achevez d'imprimer, iceux vendre & débiter dans tout nostre Royaume, par luy ou par autre ainsi que bon luy semblera, sans qu'aucun trouble ny empéchement quelconque luy puisse estre apporté, mesme par ceux qui pretendent avoir de Nous Privilege pour l'impression des Airs de Musique & Ballets, lesquels pour ce regard en tant que besoin est ou seroit, Nous avons revoqué & revoquons par cesdites Presentes, faisant tres-expresses inhibitions & défenses à tous Libraires, Imprimeurs, Colporteurs, & autres personnes de quelque qualité qu'elles soient, d'imprimer, faire imprimer, vendre & distribuer lesdites Pieces de Musique, Vers, Paroles, Desseins, Sujets, & generalement tout ce qui a esté & sera composé par ledit Lully, sous quelque pretexte que ce soit, mesme d'impression étrangere & autrement, sans son consentement ou de ses ayans cause, sur peine de confiscation des Exemplaires contrefaits, dix mil livres d'amende tant contre ceux qui les auront imprimez & vendus, que contre ceux qui s'en trouveront saisis, & de tous dépens, dommages & interests; à la charge d'en mettre deux Exemplaires en nostre Bibliotheque publique, vn en nostre Cabinet des Livres de nostre Chasteau du Louvre, & vn en celle de nostre tres-cher & feal Chevalier Garde des Sceaux de France le Sieur d'Aligre, à peine de nullité des Presentes. Du contenu desquelles, vous mandons & enjoignons faire joüir l'Exposant & ses ayans cause pleinement & paisiblement, cessant & faisant cesser tous troubles & empeschemens au contraire; Voulons qu'en mettant au commencement ou à la fin desdits Livres l'Extrait des Presentes, elles soient tenuës deuëment signifiées, & qu'aux copies collationnées par l'vn de nos amez & feaux Secretaires, foy soit ajoûtée comme à l'Original. Mandons au premier nostre Huissier ou Sergent, faire pour l'execution des Presentes, toutes significations, défenses, saisies, & autres actes requis & necessaires, sans pour ce demander autre permission, nonobstant oppositions ou appellations quelconques, dont si aucunes interviennent, Nous nous en reservons & à nostre Conseil la connoissance, & icelle interdisons & deffendons à tous autres Juges: CAR tel est nostre plaisir. DONNE' à Versailles le vingtiéme jour de Septembre, l'an de grace mil six cens soixante-douze, & de nostre Regne le trentiéme. Signé, LOUIS. Et plus bas, Par le Roy, COLBERT. Et scellé du grand Sceau de cire jaune.

www.ingramcontent.com/pod-product-compliance
Ingram Content Group UK Ltd.
Pitfield, Milton Keynes, MK11 3LW, UK
UKHW021931190726
13853UKWH00002B/981